LOUIS LAVELLE

PROFESSEUR AU COLLÈGE DE FRANCE

Leçon inaugurale

faite au

COLLÈGE DE FRANCE

le 2 Décembre 1941

Mesdames, Messieurs,

Au moment de commencer cette leçon inaugurale, je suis heureux d'exprimer mes remerciements et ma reconnaissance à l'Assemblée des professeurs du Collège de France qui m'a fait l'honneur de me désigner par son vote pour occuper la chaire de philosophie dont la vacance venait d'être déclarée et à Monsieur le Secrétaire d'État à l'Éducation Nationale qui a bien voulu agréer et confirmer par sa décision la proposition de cette assemblée. Mais ce n'est pas sans émotion que je mesure la responsabilité qu'ils m'ont cru capable de porter, d'abord en maintenant cet enseignement traditionnel de la philosophie pure qui doit satisfaire aux ambitions les plus hautes de la réflexion humaine, mais auquel il n'y a pas un esprit sincère qui ne craigne de se sentir inégal, ensuite en me proposant comme modèles les maîtres illustres qui m'ont précédé dans cette chaire et dont la présence, je l'espère, y demeurera toujours vivante, enfin en m'obligeant à soumettre ma propre pensée à un examen sévère pour discerner en elle ce qui est digne d'en être communiqué à un auditoire si attentif et si cultivé et pour ne point manquer, en face des besoins les plus profonds et les plus constants de la conscience et dans la situation anxieuse où notre époque l'a placée, à ce qu'elle est en droit d'attendre et d'espérer.

La philosophie est de toutes les disciplines de l'esprit celle à laquelle nous demandons le plus et qui nous émeut le plus profondément. Quand on feint d'ignorer ce qu'elle est, c'est pour témoigner qu'elle n'a point d'objet propre, comme la grammaire ou la physique, et que nous ne pouvons la distinguer de notre vie elle-même dès qu'elle commence à s'interroger sur son propre destin. Elle fait taire toutes nos préoccupations particulières, elle interrompt toutes les besognes dans lesquelles nous étions engagé pour nous mettre en face de nous-même et nous obliger à chercher le sens de cette existence qui nous est donnée et qu'il nous appartient de remplir : mais elle ne nous sépare du monde que pour nous permettre d'en découvrir l'essence cachée, elle ne nous divertit de nos tâches les plus familières qu'afin de donner à la plus humble une lumière intérieure qui la justifie.

Nous sentons tous que la découverte philosophique doit résider dans une vue très simple que nous cherchons à obtenir sur ce tout de l'Être où notre être propre vient s'inscrire par un miracle de tous les instants ; mais c'est cette vue très simple qui est aussi la plus difficile à acquérir.

Elle traverse parfois notre pensée comme un éclair, mais il est presque impossible de la maintenir et de la fixer. Il arrive que l'accumulation de nos connaissances la trouble, au lieu de la confirmer et de l'étendre. Nous ne parvenons qu'avec la plus grande peine à la traduire par des mots ; et les difficultés du langage philosophique, l'abstraction qu'on lui reproche, sont l'effet de cette gageure par laquelle, sans rien altérer de sa pureté, nous voulons pourtant en prendre possession par l'analyse, en retrouver la présence dans tout ce que nous sommes capables de voir, de penser et de sentir. Aussi n'y a-t-il qu'une philosophie, comme il n'y a qu'un monde : et les différences que l'on observe en elle mesurent seulement son degré de profondeur. C'est pour cela aussi que la philosophie ne connaît pas le même progrès dans le temps que les sciences de l'univers matériel : Platon, Saint Thomas, Descartes, si l'on néglige ce qui les rattache à leur époque, c'est-à-dire le langage, les mœurs et l'état de leurs connaissances, si l'on cherche le centre indivisible de leur pensée et leur intention la plus secrète, sont nos contemporains. C'est pour cela enfin que la philosophie, comme la vie qui recommence chaque matin, est toujours identique et toujours nouvelle : c'est qu'il n'y a en elle aucun objet que l'on rencontre et que l'on quitte, qui nous séduit ou qui nous rebute. C'est qu'elle est la conscience elle-même qui ne cesse de se créer par une constante attention à cette intimité du réel où chaque chose se découvre à elle dans son état naissant, au point où le temporel semble s'écouler de l'éternel.

Telle est l'idée de la philosophie que se sont faite mes deux prédécesseurs dans cette chaire. Monsieur Édouard Le Roy avait succédé à Henri Bergson en 1921 : il le suppléait depuis six ans déjà. Son esprit s'était attaché depuis longtemps à cette « philosophie nouvelle » sur laquelle il avait écrit un petit livre, qui semblait inaugurer une sorte de renaissance spirituelle : nul penseur de notre pays ne lui est demeuré plus fidèle et n'a gardé à son égard pourtant plus de liberté. Monsieur Édouard Le Roy était venu des mathématiques à la philosophie ; par un exemple rare, il n'a cessé de donner ces deux enseignements à la fois : mais la rigueur même à laquelle une telle science l'avait accoutumé l'obligeait à s'interroger sur le fondement de cette satisfaction qu'elle donnait à son esprit dans le domaine qui était le sien, et qui demeurait pourtant sans contact avec ses aspirations les plus profondes et les plus essentielles. De là la sympathie qu'il devait marquer de bonne heure pour une pensée qui faisait de l'intellect un instrument destiné, comme il l'était peut-être déjà pour Descartes, à régler notre action sur les choses et à nous en rendre maître, mais qui cherchait à surprendre au fond de notre conscience dans la pure intuition que nous avons de la vie une sorte de genèse spirituelle de nous-même et de tout le réel. Tandis que l'analyse ne cesse de découper la réalité en objets et en concepts séparés qui sont toujours en rapport avec nos besoins, l'intuition, changeant la direction de notre regard, retrouve à sa source même la continuité de l'élan qui anime notre propre vie et qui la dépasse, mais qu'elle cherche toujours à accueillir et à promouvoir. Que l'on ne pense pas qu'une telle manière de philosopher rende inutiles tous les efforts de la réflexion, puisque c'est la réflexion elle-même qui, nous détournant du spectacle que le monde nous donne, nous permet de chercher la présence au fond de nous-même de l'acte qui nous fait être, ni qu'elle méprise ces raisons logiques qui sont les seules garanties de notre pensée, bien que ces raisons, au lieu de fonder l'expérience que nous prenons de la vie, se fondent au contraire sur elle, semblables à un faisceau de lumière qu'elle produit et qui l'enveloppe de ses rayons.

L'idée centrale de Monsieur Édouard Le Roy, c'est que la vie est un pouvoir d'invention qui ne cesse de multiplier et de renouveler ses propres créations, dont les plus pures et les plus hautes sont les créations de l'esprit. C'est le même élan indivisé qui soulève tout l'univers et produit tour à tour une forme végétale ou animale, une idée nouvelle, une œuvre d'art ou un acte de charité. Mais cet élan risque toujours de fléchir et de retomber : alors il cède aux lois de l'inertie et de la moindre action. Il s'emprisonne dans la matière, dont il aura désormais à vaincre les résistances, dans l'habitude, où la liberté se change sans cesse en nature. Et ce n'est pas sans une certaine anxiété, mais qui doit redoubler notre courage, que nous voyons les lois du monde matériel produire toujours l'effet le plus probable et l'action libre, l'effet le plus improbable.

Ainsi, l'intuition ne se borne pas à approfondir la conscience solitaire que nous avons de nous-même : car cette conscience adhère à tout le réel ; elle ne cesse de plonger dans l'obscurité de ses origines cosmiques dont elle s'est peu à peu dégagée comme une aube qui annonce le jour ; et elle ne cesse de remonter jusqu'au foyer où elle emprunte sa lumière. Aussi a-t-on vu Monsieur Édouard Le Roy s'attacher tour à tour à scruter avec autant de probité que de science les problèmes de l'évolution pour décrire cette admirable réussite par laquelle l'homme s'est délivré peu à peu des chaînes de l'animalité qui menaçaient sans cesse de l'asservir, et chercher dans le problème de Dieu, avec toute sa sincérité et toute son ardeur intérieure, à élever notre âme vers cette puissance de tout créer qui nous rend à notre tour créateur de nous-même. C'est ici sans doute que Monsieur Édouard Le Roy nous découvre moins encore le dernier terme de sa doctrine que l'inspiration qui la pénètre et qui la féconde. Le problème de Dieu est pour lui le même que le problème de l'esprit humain : Dieu est l'objet d'une expérience qui est au fond même de notre inquiétude et que nous n'avons jamais fini d'épurer. C'est lui qui surmonte toutes les formes de la séparation, celle que produit hors de nous la matière et, en nous-même, l'égoïsme. Il rend possible la coordination de toutes les pensées et de toutes les volontés. Il est non seulement ce par quoi je pense et qui est présent à toutes mes pensées, mais ce par quoi je veux, d'une volonté plus profonde que mes volontés particulières, qui les fonde et qui les justifie, bien que celles-ci la trahissent toujours.

Mais il est impossible de parler de Monsieur Édouard Le Roy et de prononcer le nom même de la chaire dans laquelle il a maintenu pendant vingt-six ans la tradition du spiritualisme français, sans évoquer la mémoire d'Henri Bergson qui s'est éteint au début de cette année après la carrière la plus glorieuse, dont les cours autrefois attiraient notre jeunesse par cette sorte de secret spirituel qu'ils laissaient pressentir et que nous n'achevions jamais de convertir en doctrine, dont les livres n'ont cessé d'être relus par plusieurs générations depuis un demi-siècle sans que personne puisse être sûr d'en avoir pénétré l'essence la plus subtile. Nul philosophe n'a paru d'abord plus aisé, plus éloigné de toute technicité, plus plein de grâce et d'enveloppement : mais nul aussi n'est peut-être plus difficile, plus insaisissable, plus plein de détours et de lointains. Nul n'a exercé une influence plus étendue ni plus profonde : on oserait à peine dire qu'il a eu un véritable disciple. Et pourtant, on ne saurait contester qu'il y ait une sorte de révolution bergsonienne, comme il y a eu une révolution cartésienne et qu'elle lui soit semblable et contraire. Elle lui est semblable parce que, comme toutes les révolutions philosophiques, elle est un retour vers cette intériorité de l'être à lui-même où le moi cherche un contact personnel avec l'absolu ; et elle lui est contraire, au moins en apparence, parce que, au lieu de mettre notre confiance dans l'acte de l'intelligence qui cherche à produire le réel, comme il produit les mathématiques, elle la met dans l'acte de la vie qui est nôtre et plus que nôtre, qui descend jusque dans l'intimité de notre corps et monte jusqu'à la pointe de l'esprit pur. Telle est la raison aussi pour laquelle le cartésianisme est une méthode qui oblige notre pensée, tandis que le bergsonisme est une atmosphère où elle respire.

Ce serait méconnaître sans doute le message d'Henri Bergson que de vouloir l'enfermer dans le contour arrêté d'une doctrine : en ce sens on peut dire qu'il va au delà de toutes les doctrines. Il tient tout entier dans la résonance de certains mots très simples et très mystérieux comme ceux d'intuition, de durée, de mémoire pure, d'élan vital, de clos et d'ouvert, qui agissent sur nous à la manière d'un charme parce qu'ils découvrent en nous cette infinité vivante dont nous sommes les membres et que nous pouvons tantôt interrompre pour la confisquer à notre profit et tantôt assumer dans une sorte de générosité désintéressée et créatrice. Il y a dans toute cette philosophie une fluidité presque immatérielle où tous les concepts semblent se dissoudre : mais ce n'est pas par cette facilité imprécise qui est un renoncement à l'analyse ; c'est plutôt par cette exigence de rigueur qui, poussant l'analyse jusqu'au dernier point, retrouve toujours en elle la continuité qui la supporte et qu'elle ne réussit jamais tout à fait à briser. Il n'y eut point sans doute d'esprit plus attentif au réel qu'Henri Bergson, plus soucieux de ne le jamais quitter, plus exact à le décrire, plus subtil à saisir toutes ses nuances, à distinguer de ses assises profondes les formes passagères qui le dissimulent et avec lesquelles on le confond presque toujours.

On en a fait le philosophe du devenir, un nouvel Héraclite. Et le langage même dont il s'est servi nous invitait à le regarder comme tel. Mais les contraires sont voisins. Cet esprit si aigu et si maître de lui semble nous incliner vers l'indétermination et vers l'abandon : on peut penser que c'est une indétermination plus difficile que toutes les définitions, un abandon plus laborieux que tous les refus. Il nous demande de ne point laisser notre activité intérieure s'emprisonner dans des termes immobiles : l'objet, le concept, l'habitude, où elle viendrait se briser et mourir. Mais en nous pressant de les dépasser toujours, il nous oblige à retrouver sa source incorruptible et indivisée. Comme on ne rencontre l'immédiat qu'en triomphant de toutes les médiations et la spontanéité de la vie qu'en résistant à tous les obstacles qui en arrêtent le cours, on ne s'engage aussi dans le devenir que pour éviter d'être paralysé par l'immobile, on ne quitte l'espace pour la durée qu'afin d'obtenir une présence constante à la création de soi-même et du monde. Car ce qui compte ici, c'est beaucoup moins le flot mouvant du créé que l'élan qui, à chaque instant, le produit. Péguy ne s'y est pas trompé, lui qui a admiré Bergson plus qu'aucun homme au monde, parce qu'il nous révélait, non pas, comme on pourrait le croire, la valeur métaphysique du temps, mais la valeur métaphysique du présent, toujours nouveau, frais et créateur et qui en chaque instant ne cesse de donner naissance à son propre avenir comme à son propre passé. En lui le temps se ramasse et s'abolit. Loin que ce soit le temps qui engendre tout ce qui est, c'est le présent qui engendre le temps avec tout ce qui le remplit. Peut-être même que pour saisir la signification la plus profonde de la pensée bergsonienne il faudrait, au lieu, comme on est tenté de le faire, de regarder vers l'avenir comme vers le terme de toutes les espérances et de toutes les promesses, regarder vers le passé qui, loin d'être un passé révolu, est un passé vivant où tout retourne à la fin, non point, comme on le croit, pour y mourir, mais pour nous donner la possession spirituelle de tout notre présent. Ce serait *Matière et Mémoire* plutôt que *l'Évolution créatrice* qui serait alors le grand livre d'Henri Bergson et on peut penser qu'il na point encore achevé de nous livrer tout son secret.

La pensée de M. Édouard Le Roy et celle d'Henri Bergson peuvent être considérées comme exprimant les caractères essentiels de la philosophie française telle qu'elle s'est constituée à l'époque de Descartes, telle qu'elle s'est développée ensuite avec une admirable continuité à travers la diversité des tempéraments individuels. À ces caractères, tout penseur de notre pays doit demeurer fidèle sous peine de n'y trouver qu'une audience incertaine et momentanée. Nous dirons donc que toute philosophie française est d'abord une philosophie de la conscience : elle prête peu de crédit à l'inconscient ou le relègue dans les parties basses de notre nature que le propre de la conscience est précisément de pénétrer et d'éclairer. Elle ne renonce pas aisément aux idées claires et distinctes, non pas qu'elle mette la clarté au-dessus de la profondeur, mais elle sait que la clarté dans les choses profondes est une facilité atteinte difficilement. Elle ne méprise pas le sentiment, mais elle sait qu'il est comme une flamme obscure qui, lorsqu'elle est nourrie de matériaux assez purs, se change en un rayon de lumière. Elle plonge dans l'expérience la plus commune, qui est la plus essentielle et la plus vraie : elle aspire à parler un langage si simple qu'il puisse être compris des moins savants et que les plus habiles pourtant n'en épuisent jamais le sens. Le génie français est éminemment psychologique : rien ne nous intéresse autant que de nous connaître, de connaître ceux avec qui nous vivons, de former avec eux une société intellectuelle en apprenant comme eux à nous conduire par de mutuels exemples et de mutuelles leçons. Nous sommes toujours à la découverte de notre propre moi, nous craignons qu'il ne nous échappe par défaut de lucidité ou par excès d'application. Nous connaissons mieux que personne tous les détours et tous les tourments de l'amour-propre. Mais nous aspirons à nous en délivrer. Notre moi veut s'arracher à la solitude, au lieu de s'y enfermer : il cherche à se porter naturellement vers ce sommet de lui-même où il entre en commerce avec tout ce qui est, avec les choses, dont il fait les véhicules de ses desseins, avec les idées, qui lui en donnent une sorte de possession intellectuelle et dépouillée, avec les autres êtres qui sont les témoins et les médiateurs de toutes ses pensées, avec Dieu lui-même, qui est comme une vérité omniprésente dont il a besoin pour les soutenir et les justifier. Dira-t-on que le Français n'a pas la tête métaphysique ? Mais on lui reproche aussi d'introduire la métaphysique partout, jusque dans ses actions les plus familières et dans ses discussions les plus futiles, tant il est vrai qu'il ne peut jamais se passer de ce contact avec l'absolu qui, seul, donne à son esprit l'apaisement et la sécurité. Seulement, il ne conçoit jamais cet absolu que comme devenant présent à sa conscience elle-même, à mesure qu'elle s'aiguise et qu'elle s'approfondit. La vie est pour lui un dialogue du moi avec l'absolu et la métaphysique, une psychométaphysique.

On le voit bien quand on examine les philosophes les plus représentatifs de notre pays depuis Descartes. Que nous nous soyons reconnus en lui depuis trois siècles, malgré quelques éclipses, que l'on tente de s'en prendre à lui aujourd'hui comme si la France voulait s'en prendre à elle-même de ses propres malheurs, c'est le signe sans doute qu'il y a dans sa doctrine une expression profonde des besoins de notre esprit, qui sont les besoins même de l'esprit humain, à condition qu'on ne se risque à aucune interprétation qui la défigure. La gloire de Descartes, c'est d'avoir retrouvé à jamais cette expérience de l'intériorité, qui est sans doute l'expérience du moi par lui-même, mais d'un moi qui, en s'identifiant avec la pensée, exige de lui-même qu'il s'élargisse au delà de l'opinion, au delà de l'amour-propre, jusqu'à la mesure d'une vérité qui est la même pour tous. Le célèbre « je pense », dont on a tant abusé et tant médit, ne se soutient que par son rapport avec une pensée infinie dont il participe et sans laquelle il ne serait rien. Et notre moi lui-même, loin d'être comme un îlot séparé dans l'immense univers, s'enracine en lui par le corps, où il risque toujours de devenir l'esclave des passions, et ne s'en délivre que pour se soumettre à un ordre qui le dépasse et que le rôle de la raison est de reconnaître plutôt que de créer. Notre liberté s'exerce entre ces deux extrêmes ; et l'y a une sagesse cartésienne qui la guide, et que chacun de nous met à l'épreuve dans tous les événements de sa vie quotidienne.

Malebranche a moins de gloire, mais il est peut-être notre plus grand philosophe : car nul autre sans doute n'a été un psychologue aussi attentif, ni un métaphysicien aussi pur. Et sa pensée tout entière est une circulation ininterrompue entre le moi et Dieu. Dissipant l'ambiguïté qui subsistait dans le « je pense » cartésien, que l'on voulait réduire tantôt au moi individuel, tantôt à la pensée désincarnée, Malebranche conteste à Descartes que le moi lui-même soit la chose du monde la plus aisée à connaître ; je ne connais que des objets, mais si le moi est mien, c'est que je le sens comme mien. Ainsi, toute notre intimité psychologique s'ouvre à nous dans cette pénombre émouvante que nous ne parvenons jamais à rendre tout à fait claire. C'est au-dessus d'elle qu'il faut hausser son regard pour contempler ces idées qui sont la vérité de Dieu, et non point la nôtre, que nous voyons en lui, et non point en nous, pour recevoir de lui cette puissance miraculeuse d'agir selon les occasions qu'il nous propose, dont nous pouvons toujours mésuser et qui nous place toujours à mi-chemin entre la chute et la rédemption.

Voyez plus près de nous ce délicat Maine de Biran, si profond, si tourmenté, si méconnu, et qui ne pouvait être d'aucun autre pays. C'est son corps, d'abord, qui lui impose sa présence sensible, qu'il ne peut renier comme sien et dont il ne parvient pas à vaincre la résistance. Il s'y emploie pourtant et c'est alors que naît en lui le moi véritable, qui ne peut jamais éliminer l'autre et qui poursuit avec lui un dialogue ininterrompu. C'est ce dialogue qui est nous-même, c'est-à-dire une incessante confrontation en nous de l'activité et de la passivité. Mais si la passivité vient du corps et appartient encore à notre expérience psychophysiologique, l'activité, c'est-à-dire la volonté, vient elle-même de plus haut. C'est nous seul qui en disposons : et c'est au point où elle s'introduit que nous pouvons véritablement dire je ou moi. Et pourtant cette activité laborieuse, toujours vouée à l'effort et souvent à l'échec, appelle une passivité nouvelle qui nous en délivre et qui l'achève. Celle-ci est de sens opposé à la passivité du corps, elle est comparable à l'inspiration et à la grâce. Et dans son exercice le plus parfait, la liberté ne peut que la reconnaître et lui être docile.

Parmi les philosophes d'hier, il suffit d'évoquer les noms de Ravaisson et de Lachelier pour retrouver la même atmosphère : l'un et l'autre ont peu écrit, bien que leur influence ait été grande ; mais elle a été un effet de la direction de leur pensée plutôt encore que de leur doctrine. Ravaisson est un chaînon entre Biran d'une part, Lachelier et Bergson de l'autre. Ce qu'il essaie d'atteindre au fond de notre moi, c'est cette activité même par laquelle il ne cesse de se réaliser, qui le constitue, mais qui le dépasse, qui engendre dans la nature les formes si variées de la vie et qui, dans notre conscience, ne cesse de créer de nouvelles inventions spirituelles, tendue tout entière entre un haut et un bas, un bas qui menace toujours de la retenir, un haut vers lequel elle cherche sans cesse à se hisser, formant indéfiniment des habitudes qui, selon l'usage qu'elle en fait, l'emprisonnent ou la délivrent, et abaissent ou élèvent le ton même de notre vie, retrouvant enfin dans la beauté qu'elle contemple ou quelle produit cette incarnation sensible qui lui permet de s'accomplir et de faire éclater entre l'esprit et les choses une admirable consubstantialité.

Lachelier, dans un tour plus intellectuel et plus austère, cherchait lui aussi cette pure activité spirituelle qui fonde notre moi individuel et qui l'élève pourtant au-dessus de lui-même. Il examinait les étapes successives de son développement, depuis le mécanisme qui ne peut subsister sans la vie dont il est l'instrument, jusqu'à la liberté qui suppose la vie et lui donne sa raison d'être. Mais la liberté elle-même, qui est la cause de ce que nous sommes, nous laisserait enfermé dans les limites de la nature si elle n'était pas une union actuelle avec cette opération infinie par laquelle le monde se fait en nous permettant de nous faire.

On voit assez bien maintenant comment Henri Bergson et M. Édouard Le Roy se trouvent au point d'arrivée d'une lignée de penseurs d'inspiration spécifiquement française et pour lesquels la vérité ne peut être découverte que par une réflexion de la conscience sur elle-même, dans une analyse de ses propres rapports avec tout ce qui est, dans une sorte d'incessante communication entre une nature qui nous donne la vie, mais nous assujettit à ses fins, et une liberté qui est la marque de notre indépendance et comme la touche de l'esprit pur.

La philosophie pourtant est l'œuvre commune de tous les hommes qui, à travers les différences de temps et de lieu, sont comme un seul homme qui cherche à accroître la conscience qu'il a de lui-même et de l'univers. Les philosophies des autres peuples sont des ferments qui éveillent en nous des puissances cachées. L'histoire nous apporte non point des idées mortes, mais des idées qui se sont peu à peu obscurcies et qui, dès qu'elles se montrent de nouveau à la lumière, ressemblent à une révélation. Mais la philosophie est toujours actuelle et personnelle : il n'y a de philosophie que d'aujourd'hui, celle que je puis maintenant penser et vivre. La philosophie la plus ancienne, dès qu'un esprit s'en empare, recommence une autre carrière comme s'il l'avait lui-même créée. Elle traduit ce qu'il y a en nous d'intime, d'unique et presque d'ineffable : et nous savons que ce secret qui nous est propre est aussi le secret de tous. Elle est universelle comme la science, non point de cette universalité manifestée, dont la présence de l'objet est pour ainsi dire le gage, mais de cette universalité invisible à laquelle chacun accède selon la pureté de son attention intérieure ; elle est l'objet d'une méditation solitaire, mais qui est offerte à tous les hommes et pour laquelle ils se prêtent un mutuel secours. De même la vérité philosophique n'appartient à aucun temps, mais c'est en nous arrachant au temps qu'elle répond le mieux aux exigences du temps présent. Nul autre temps sans doute n'a ressenti autant que le nôtre le besoin de la philosophie, non point que personne songe à l'invoquer pour qu'elle le divertisse ou le console, car la philosophie est toujours le contraire d'une évasion, mais pour qu'elle lui donne une conscience virile de la signification de l'existence humaine, pour qu'elle lui apprenne à retrouver, derrière les événements qui le meurtrissent, cette activité de l'esprit qui le constitue et qui seule peut lui permettre de les transformer pour en faire les chemins de sa destinée et les moyens de son accomplissement.

Il est vain de vouloir limiter l'ambition de la recherche philosophique ; car si, au delà de toutes les apparences qui suffisent à la vie du corps, elle ne nous donne pas un contact avec l'absolu, soit qu'elle prétende nous le faire connaître ou seulement nous le faire pressentir, ou, ce qui vaut mieux encore, lui assujettir notre pensée et notre action, alors elle est un objet de vaine curiosité, un jeu de notre pensée qui ne vaut pas une heure de peine. Mais aussitôt le doute commence : car cet absolu vers lequel tendent toutes nos aspirations n'est-il pas hors d'atteinte, et si nous l'atteignons, ne va-t-il pas nous décevoir ? En nous, hors de nous, nous ne trouvons que des choses relatives : ce sont elles qui forment le champ de notre connaissance et de notre conduite. Et si nous les abandonnions au profit de cet absolu dont on nous parle, notre vie ne serait-elle pas arrêtée et comme bloquée dans une sorte de perfection immobile qui ne se distinguerait plus pour nous de l'anéantissement ? Nous voulons que notre vie subsiste et même que toutes ses puissances se multiplient et se fortifient, et nous voulons en même temps être assurés qu'elles tiennent à l'absolu aussi bien par la source dont elles procèdent que par les effets qu'elles produisent. Or cela n'est point impossible, mais à condition que l'absolu soit au cœur de la vie et non point au delà. On peut même dire que nous en avons une sorte d'expérience, à condition de diriger notre regard non point vers les choses du dehors qui ne cessent de passer devant nos yeux comme un spectacle évanouissant, mais vers le dedans de notre conscience sans lequel elles ne seraient rien et qui nous permet de les penser toutes.

Or que nous découvre cette expérience intérieure où nous n'avons plus aucun objet sur lequel notre attention vienne se poser ? Elle nous découvre une activité que nous exerçons, dont nous pouvons bien dire qu'elle est une activité de pensée, puisqu'elle se pense comme elle pense tout ce qui peut être, mais qu'il faut décrire comme une activité plus encore que comme une pensée, ou qui n'est une pensée que parce qu'elle est une activité et qui ne cesse de se donner l'être à elle-même, comme elle le donne à tout ce que nous sommes capable de connaître ou de vouloir. Elle est la découverte de l'absolu de nous-même qui est un absolu vivant et qui n'est le phénomène de rien. Nous sommes ici en présence de l'esprit, c'est-à-dire du secret d'une liberté qu'il est impossible de violer ou de forcer, d'une faculté de disposer du *oui* et du *non*, de consentir ou de refuser, par laquelle je m'engage tout entier et deviens l'auteur de ce que je suis. Elle est l'absolu d'un premier terme avec lequel tout commence et non pas d'un dernier terme avec lequel tout est consommé.

Pourtant cette liberté ne peut pas être considérée comme isolée : le propre de la philosophie, ce n'est pas seulement d'en régler l'emploi, c'est aussi de montrer quelles sont les conditions qu'elle suppose et sans lesquelles elle ne pourrait ni être ni agir. La méthode de la philosophie ne peut pas être, comme on l'a cru souvent, de partir des choses les plus basses, dont on peut dire qu'elles possèdent à peine l'existence, pour montrer comment les choses les plus hautes en émergent tour à tour. Ce serait partir encore de celles-ci et chercher à les réduire en laissant croire qu'on les produit. Elle est de s'établir au point culminant où la conscience peut parvenir, où son attention est la plus distincte et son activité la la plus pure, afin de décrire d'abord les régions obscures qu'il lui a fallu traverser avant de l'atteindre, et qui forment la base même qui la supporte, puis les régions transparentes vers lesquelles elle continue à s'élever, où elle reçoit le plus de lumière et d'où elle découvre le plus vaste horizon.

Ainsi c'est en nous-même qu'est le premier terme de la recherche philosophique ; ce n'est ni dans un terme plus primitif et plus simple dont nous prétendrions dériver et nous-même et le monde, mais en dissimulant que nous les connaissions déjà, ni dans un acte infini et sublime qui aurait créé toutes choses de rien et dont nous ne pouvons rien savoir que par sa relation avec nous, pas même le dessein qu'il aurait eu de nous créer. Mais ce qu'il faut ici entendre par nous-même, ce n'est pas ce moi étroit et égoïste enfermé dans sa conscience comme dans une cellule et qui refuse tout ce qui le déborde, ou ce moi plein d'ambition et d'orgueil qui prétend tirer de lui-même la totalité de l'univers représenté. C'est le moi vivant dont il s'agit de scruter la complexité et les exigences, qui a le sentiment à la fois de son initiative et de sa dépendance, qui fonde son existence non point en se séparant de l'univers, mais en communiquant avec lui, qui est toujours à la fois donnant et recevant, qui appelle enfin toutes les autres existences pour le soutenir. La philosophie pourrait donc être justement nommée, si le mot de science pouvait lui convenir encore, la *science de la conscience* par opposition à toutes les sciences qui portent sur des objets. Seulement la conscience, loin d'être une fermeture du moi sur lui-même est cette ouverture du moi sur le tout sans laquelle le moi ne serait rien.

Mais d'où vient le privilège de la conscience par rapport à tous les objets auxquels elle s'applique, alors que tous les objets paraissent avoir une sorte de subsistance qui permet de les montrer et de les saisir, au lieu que la conscience qui les montre et qui les saisit ne peut être elle-même ni

24

montrée ni saisie ? S'il faut dire qu'elle se cache, c'est comme la lumière dans laquelle nous voyons tous les objets plutôt que nous ne la voyons elle-même. Mais si elle ne se détache pas de nous pour que nous puissions la contempler comme un spectacle, c'est parce qu'elle est ce spectateur qui est nous-même. Et ce nous-même, c'est le seul point du monde où l'être et le connaître, au lieu de s'opposer, coïncident : telle est la raison pour laquelle l'expérience que chacun a de son propre moi est si émouvante ; ce n'est point seulement parce que ces mots moi et mien intéressent un fragment d'être avec lequel je me confonds, c'est parce qu'en me confondant avec lui, je pénètre pour mon compte dans l'absolu même de l'être. Alors tout le reste n'est plus pour moi que phénomène.

Non point aussitôt toutefois, comme on le pense presque toujours. Car penser, pour moi, c'est poser d'autres êtres comparables à moi, pourvus comme moi d'initiative et de conscience. Nous découvrons les personnes avant de découvrir les choses. L'enfant, le primitif, personnifient tout ce qu'ils voient ; et nous avons souvent besoin d'un peu d'application pour ne pas les imiter. Et le problème n'est point de savoir comment nous pouvons trouver qu'il y a d'autres personnes dans le monde, mais comment nous pouvons trouver qu'il y a des choses, qui ne soient rien de plus que des choses. Penser le moi d'un autre, ce n'est pas en acquérir la représentation dans sa conscience, car on ne se représente que des objets, c'est le poser en effet comme un autre en vertu de ce même pouvoir que j'ai de me poser moi-même, par un acte de liberté qui me fait tel que je suis et pourrait me faire autre que je ne suis, et qu'il me faut nécessairement appliquer à vous, dès que je commence à avoir avec vous d'autres rapports qu'avec les choses, dès que j'entretiens avec vous un commerce qui ne peut exister qu'entre des consciences, dès qu'au lieu de songer seulement à vous utiliser et à vous modifier, comme je le fais pour les choses, j'attends de vous une demande ou une réponse, une communication ou un don, cette attention tournée vers moi et cette intention de réciprocité qui créent entre nous une société spirituelle de tous les instants. C'est cette société entre les consciences qui constitue la véritable réalité : par opposition à une chose, qui n'est jamais qu'un phénomène, nous disons justement un être chaque fois que nous avons affaire à une autre conscience, capable de dire moi. Il n'y a pas d'autre existence que celle qui est intérieure à elle-même et possède ce double pouvoir non seulement de connaître et de choisir, mais de se connaître et de se choisir.

Il semble donc que la réflexion philosophique doive suivre une marche inverse de celle à laquelle on est naturellement incliné. Car on pense presque toujours que l'existence, ce sont ces objets matériels que nous voyons et que nous touchons et sur lesquels portent toutes nos actions. Mais notre intention ne s'arrête jamais sur eux. Ils ne sont pas la substance du réel, mais seulement les instruments de notre vie. Loin de juger que l'être véritable puisse résider dans cette machinerie qui nous est donnée en spectacle, qui produirait, par on ne sait quelle complication et on ne sait quel raffinement inutile, la conscience que nous en avons, comme une lueur fortuite et périssable, il faut que nous considérions la conscience comme l'être même pris à sa source, dans sa double essence explicative et constitutive, et le monde entier, dont nous pensions qu'il fondait sa possibilité, comme n'ayant de sens que pour elle et par rapport à elle.

Seulement nous ne pouvons nous empêcher de croire que, cette vérité une fois découverte, c'est vers le monde matériel qu'il faut nous retourner aussitôt ; et c'est lui qui requiert désormais toutes nos préoccupations. C'est ainsi que se sont infléchies trop souvent les philosophies de la conscience. Et ce monde qu'elles nous avaient fait quitter, elles n'aspirent presque aussitôt qu'à le retrouver. On ne le subordonne que pour le connaître ; mais il reste la fin de toutes nos pensées. C'est là une illusion dont il est difficile de se délivrer.

Pourtant ma conscience n'a de commerce qu'avec d'autres consciences, et non point avec les choses, bien que celles-ci leur servent à toutes d'obstacle et de point d'appui. Et quand nous nous demandons quel est le monde réel dans lequel nous habitons, ce n'est point cette sorte d'immense désert des choses qui s'étend depuis notre corps jusqu'aux étoiles, qui nous demeure étranger, quelle que soit sa beauté ; c'est cette société vivante que nous formons avec nous-même et avec toutes les autres consciences, qui est invisible et mobile à la fois, mais qui est telle pourtant qu'il n'y a rien en elle d'indifférent, qu'elle donne un sens à tout ce que nous faisons, qu'elle est le lieu de toutes les initiatives, de tous les appels que nous pouvons faire et de toutes les réponses que nous pouvons recevoir, qu'elle nous révèle l'infinité d'une solitude qui est la nôtre, et qui pourtant est la vôtre et celle de tous. En cet instant même où je parle, n'est-ce pas le réel que nous touchons dans cette communication entre nos pensées où nous faisons ensemble une sorte d'épreuve idéale de notre destinée ? Par comparaison, le monde qui nous entoure ressemble à un décor.

Il importe par conséquent que la philosophie, dont nous avons dit qu'elle était la science de la conscience, étudie des relations des consciences entre elles, qui constituent le monde spirituel, avant de s'appliquer au monde matériel qui n'est rien que par elles et qui est appelé seulement à leur fournir le langage par lequel elles s'expriment et les moyens par lesquels elles agissent les unes sur les autres et réussissent à se comprendre. Il lui appartient de déterminer les lois de cette société des esprits hors de laquelle aucun esprit ne peut vivre, qui sont, si l'on peut dire, les lois de la communauté des êtres libres par opposition aux lois de la nature, qui sont les lois de l'enchaînement des choses nécessaires. C'est là une recherche encore neuve, comme si on n'avait pas osé l'entreprendre, ou comme si on avait pensé que la vie suffisait à mettre ces lois en œuvre, sans que la conscience ait à s'occuper de les découvrir. On en trouve des fragments dans les œuvres des moralistes. Mais ce qu'il importe d'abord de connaître, c'est qu'on ne peut passer de la subjectivité à l'objectivité que par le moyen de l'intersubjectivité.

Après avoir pris accès dans ce monde de l'intériorité, qui est le seul monde réel, on s'aperçoit bien vite qu'il est impossible de le quitter : c'est cette observation qui a donné naissance à l'idéalisme. Mais l'intériorité est à la fois nous et au delà de nous. Elle est en vous comme en moi. Ce qui nous sépare, c'est la matière, et non point l'esprit ; c'est elle dont le caractère fondamental est l'impénétrabilité. Car le propre de l'esprit est de pénétrer partout, dans la mesure précisément où il n'est pas retenu et aveuglé par elle. Ainsi, pour ce moi que je suis, lié à un corps et réduit à l'amour-propre, sortir de soi, c'est s'intérioriser davantage. Alors aussi je vous deviens en quelque sorte présent. Nous cessons d'être séparés pour devenir unis, non point dans une unité inerte qui abolit nos différences, mais dans une unité active qui les produit, en les obligeant à coopérer et à se soutenir. Une telle rencontre entre deux esprits, c'est la découverte de leur double participation à l'esprit pur avec lequel ils ne coïncident point, pas plus qu'ils ne coïncident l'un avec l'autre, mais qui ne cesse de leur fournir, avec la lumière qui les éclaire, la liberté dont ls disposent et dont ils peuvent user tantôt pour surmonter la séparation et tantôt pour l'aggraver. De telle sorte que les lois du monde spirituel, sans pouvoir jamais être violées, fournissent à notre liberté les conditions de son exercice, tout comme les lois du monde matériel fournissent à nos besoins les moyens de se satisfaire et que, dans ces deux mondes, il n'y a rien qui puisse nous être donné et qui ne soit en rapport avec un acte qui dépend de nous seul, mais où la totalité du réel se trouve toujours engagée.

C'est alors seulement que nous avons le droit de revenir vers les choses matérielles et de nous demander quel est le sens que nous pouvons leur donner. Ou plutôt il faut dire que ce sens se trouve déjà impliqué dans la constitution même de l'univers des consciences. Quand le regard essaie d'embrasser le spectacle que les choses lui offrent, il ne peut jamais les considérer comme se suffisant à elles-mêmes : elles n'ont pour moi d'existence que dans leur rapport avec moi ; c'est ce que j'exprime en disant qu'elles sont des phénomènes. Mais cette affirmation ne peut me contenter. Dès lors il y a trois attitudes que l'on peut prendre en face d'elles : l'attitude du primitif qui les personnifie, qui les considère comme chargées d'intentions à son égard, comme bienveillantes ou hostiles, et qui essaie de se concilier leur faveur ou de conjurer leur malice. Il vit dans un monde mystérieux peuplé d'âmes dont il ne connaît pas les desseins et par lesquelles il se sent parfois protégé et presque toujours menacé. Il y a l'attitude du savant qui n'envisage dans le phénomène que ce qu'il peut nous montrer : en lui ôtant toute existence spirituelle, il le réduit à l'inertie pure, il ne lui laisse de rapport qu'avec son propre corps par lequel, il est vrai, il peut agir sur lui de manière à en faire un instrument qui le prolonge et multiplie indéfiniment sa puissance ; le monde matériel alors n'a de sens que pour que nous puissions le conquérir et nous en servir. Tel est le point où Descartes encore s'était arrêté. Mais il y a une troisième attitude qui change nos rapports avec ce monde : c'est celle qui, le confrontant sans cesse avec chaque conscience, trouve en lui non pas seulement le point d'application de son activité, mais le moyen pour elle de porter témoignage aux yeux de toutes : en ne cessant jamais de les séparer, il leur permet pourtant de communiquer entre elles à la fois par l'expérience qu'elles en ont et qui est comme une médiation entre leurs pensées, et par les modifications qu'elles lui impriment et qui sont comme autant de médiations entre leurs volontés.

En prenant les choses sous cet aspect, on s'aperçoit qu'il est impossible d'épuiser la richesse significative du monde matériel : il est intentionnel comme pour le primitif, mais parce qu'il est le porteur possible de l'intention d'une autre conscience à l'égard de la mienne ; il est l'objet inerte de mes entreprises comme pour le savant, mais à condition qu'il y ait une conscience qui décide de cette entreprise au nom de la valeur et non pas seulement de la réussite. Mais il est bien davantage : témoin, médiateur, obstacle et instrument tout à la fois, véhicule de tous mes desseins et épreuve qui les juge, il change de forme selon ce que j'en attends ou ce que je lui demande, pour me découvrir, dans le désintéressement d'une contemplation absolument pure, cette complicité secrète avec toutes les puissances de mon âme qui fait éclater une beauté ignorée jusque dans ses parties les plus humbles et les plus communes.

Telles sont, Mesdames et Messieurs, les lignes générales qui définissent l'enseignement que nous voudrions donner. Chercher l'absolu en soi et non hors de soi, dans l'expérience la plus intime, la plus profonde et la plus personnelle, mais un absolu dont nous ne faisons que participer, qui du moins fonde notre existence même dans une communication toujours nouvelle avec tous les êtres par l'intermédiaire de toutes les choses ; relever la dignité d'une psychologie qu'une certaine science et qu'une certaine métaphysique nous ont également appris à mépriser ; ne point rejeter l'intelligence comme on est tenté de le faire, quand son rôle est de nous révéler les maux dont nous souffrons, mais non pas de les produire ; ne se confier à l'émotion que quand elle s'est purifiée dans la lumière de la pensée : telles sont les exigences de la pensée française auxquelles nous voulons demeurer fidèle. Ce n'est point en évitant le contact avec l'absolu, mais en essayant de le retrouver dans chacune des démarches de notre vie, que nous donnerons à celle-ci sa véritable signification, qui doit nous rendre capable de mesurer son poids et d'accepter de le porter.

Ce sont là aussi les raisons qui expliquent le sujet de cours que nous avons choisi cette année : en étudiant l'existence, nous essaierons d'acquérir la conscience la plus lucide et la plus dépouillée de cet acte même qui nous permet de dire moi, qui nous replace au milieu du monde, mais en nous donnant cette intimité unique et secrète qui fait paraître le monde tout entier comme un spectacle étranger avant que nous trouvions au fond de nous-même une intimité plus reculée encore et qui est commune à tous les êtres ; nous chercherons à décrire toutes les conditions que cet acte suppose et qui nous obligeront à retrouver, dans leurs relations avec nous, tous les aspects de la réalité, telle qu'elle nous est donnée dans une expérience familière dont le sens nous échappe presque toujours ; nous montrerons que cet acte n'est d'abord qu'une possibilité qu'il dépend de nous de réaliser, mais que c'est lui qui engage notre responsabilité et qui fixe notre destin.

C'est pour cela que le problème de l'existence ne peut pas être dissocié du problème de la valeur. Toute la réflexion philosophique gravite autour de ces deux questions : qu'est-ce qu'exister, et plus précisément, qu'est-ce pour moi qu'exister ? Et si l'existence elle-même ne peut pas être récusée, à quoi bon cette existence ? Possède-t-elle une valeur qui la justifie, qui mérite qu'on accepte de la vivre et qu'on y consacre tous ses soins ? Mais cette question même est pleine de périls. Car on peut y répondre par la négation, ce qui produit le scepticisme et le pessimisme, qui sont les deux formes du désespoir. Pourtant il serait vain d'exiger que notre vie possédât une valeur par elle-même indépendamment de cet acte libre qui est son essence véritable, et que nul être au monde ne peut accomplir à notre place. Dès que cet acte cesse, dès qu'il commence à fléchir, tout nous est à charge. Les plus belles choses deviennent pour nous insignifiantes. Dès qu'il s'exerce au contraire, le monde retrouve la consistance et le relief qu'il avait perdus. C'est que l'esprit introduit la valeur avec lui dans chacune de ses opérations : il nous oblige tout ensemble à la découvrir et à la produire. Alors elle devient pour nous l'être même, dont nous n'avions perçu jusque-là que l'apparence ; et il suffit qu'elle se retire pour qu'il ne subsiste plus que l'apparence, l'écorce sans le fruit.

Alexandre Moret

LA MAGIE
DANS L'ÉGYPTE
ANCIENNE

Dans l'Égypte ancienne, comme partout au monde, l'homme a été mécontent de sa destinée et a cherché à l'améliorer. Pour y parvenir, il ne s'est pas contenté des forces naturelles du corps et de l'esprit; il a eu recours aux forces surnaturelles que semblaient lui offrir la religion et la magie. On sait quelle différence essentielle existe entre ces deux formes de mentalité: comme la religion, la magie se propose de modifier l'ordre normal ou prévu des choses par des miracles; mais là où le prêtre adresse des prières et des offrandes à des Êtres supérieurs appelés Dieux, le magicien use vis-à-vis de ceux-ci de la force ou de la ruse. Le prêtre supplie, le magicien commande: et comme l'expérience prouve que la force est plus efficace que la prière, il s'ensuit que chez les populations primitives le magicien a plus d'autorité encore que le prêtre. A moins que le prêtre, comme c'est le cas fort souvent en Égypte, ne soit lui-même un magicien qui condescende à mêler parfois la prière à ses objurgations.

Dans toute société où la magie est en honneur, c'est un article de croyance universelle que tout être et toute chose sont animés d'un Esprit, analogue à celui qui meut le corps humain. Il n'y a rien dans la nature qui soit inerte, dépourvu de conscience ou de volonté; tout être, tout objet peut agir pour ou contre les hommes et réciproquement le magicien peut avoir une action sur tout être et tout objet qu'il atteint dans leur corps et dans leur esprit. C'est ainsi qu'en Égypte tout dieu, tout homme possède un «génie» qui l'anime pendant sa vie et subsiste, moyennant certaines précautions, après la mort. C'est le ⊔ *Ka* terme intraduisible, que l'on a essayé de rendre par double et qui serait peut-être mieux traduit par «génie[1]». Les animaux n'en sont pas dépourvus, et les choses même, où nulle vie n'est apparente, recèlent un esprit invisible[2]. De là la coutume, à certaines époques, de mu-

---

[1] L'idée de «génération» dans ses sens de procréation et espèce «est indiscutablement liée à la racine *ka*, qui forme des mots comme «personne, taureau, mâle»; aussi le mot *ka* évoque-t-il le similaire genius. (Cf. Lefébure, *Sphinx*, I, p. 108).

[2] Comme le fait remarquer Maspero, les Égyptiens donnaient souvent un nom propre aux objets naturels ou fabriqués, leur accordant ainsi une personnalité réelle. (*Les contes populaires de l'Égypte ancienne*, 3e éd., p. 95, n. 3.)

tiler dans les inscriptions les signes hiéroglyphiques représentant des animaux, et de briser, pour les tuer et les faire passer dans l'autre monde, les vases, les meubles, les éclats de pierre portant des textes, déposés dans les tombes : ces signes d'écriture et ces objets sont doués d'âme et, partant, animés d'un génie qui peut se révéler utile ou nuisible au défunt. Nous ne savons pas encore comment les Égyptiens nommaient cet « esprit » des animaux et des choses ; mais il n'est pas douteux que l'Univers entier ne fût peuplé, pour eux, de forces actives et conscientes ; l'homme devait y redouter des adversaires ou y chercher des alliés.

Sur les êtres et les choses douées de « génie » celui-là seul a du pouvoir qui connaît soit par tradition orale ou écrite, soit par observation personnelle, les règles générales auxquelles obéit le monde matériel et psychique. Cet homme est le « Savant » par excellence ⟨hiéroglyphes⟩ *rekh khetou* « celui qui connaît les choses » ; il sait les affinités naturelles, les « sympathies » ou les « antipathies » qui, dans l'univers, lient, unissent ou divisent les êtres vivants et la matière ; il peut amener tel être ou telle chose à un état déterminé en usant de l'attraction ou de la répulsion exercée fatalement sur lui par tel autre être ou tel autre objet ; nous dirions qu'il use des procédés de la *magie sympathique*[3]. D'autre part, le « savant » connaît les lois de l'« imitation » et celles de « cause à effet ». Tel être ou tel objet, placé dans des circonstances connues, a agi ou réagi de telle ou telle façon : qu'on le replace dans des conditions analogues, il se comportera, une fois encore, de la même manière ; bien plus, on obtiendra ce résultat en « imitant » seulement tel ou tel acte dont on connaît les effets certains. Ainsi le magicien se flatte d'amener une répétition des effets en répétant ou en imitant les causes qui ont agi une première fois : nous dirions qu'il use des procédés de la magie imitative. Maître de tels secrets, le magicien peut bien se passer de prières et commander à son gré les influences réciproques, les actions et réactions fatales des êtres et des choses.

Pour la commodité de l'exposé, nous distinguerons parmi ces procédés de magie sympathique ou de magie imitative : d'abord ceux qui sont employés pour obtenir une protection contre les dangers de toute nature, puis ceux qui donnent une influence active sur les êtres et les choses.

---

[3] Cf. Frazer, *Le rameau d'or*, I, p. 4 sqq.

Le magicien protège sa propre vie et celle de ses semblables contre les dangers fortuits, par des talismans et des formules ; il prévoit les dangers futurs par la connaissance de l'avenir.

Pour étudier les talismans, il suffit de regarder, dans les vitrines de notre musée, ces milliers de petits objets de matière et de forme variées, qui constituent ce qu'on appelle les Amulettes égyptiennes. On les trouve en quantité dans les tombes, dispersées sur le sol ou disposées sur les momies ; on les fabriquait généralement en terre vernissée, en pâte de verre, en pierre plus ou moins rare ; le plus souvent la valeur marchande en était presque nulle, ce qui permettait de les multiplier à l'infini et d'augmenter leurs chances d'action avec leur nombre. Mais, pour assurer toute son efficacité à une amulette, il n'était pas indifférent qu'elle fût d'une certaine forme et d'une certaine matière.

La forme des amulettes, en Égypte comme ailleurs, est déterminée par les idées spéciales qu'ont les peuples primitifs sur la vie humaine. La vie est un esprit, un souffle, un être autonome qui peut s'échapper du corps et qu'il faut tenir attaché à ce corps. De là, ces amulettes en forme de nœuds, de liens, qui nouent la vie aux endroits du corps où elle est plus apparente, où on la peut discerner aux battements du pouls : le cou, les poignets, les chevilles [4]. En Égypte, ces nœuds sont des bracelets, des périscélides, des colliers minces ou larges. Nous savons que le collier défendait la poitrine des dieux et des morts : on l'assimilait à un dieu dont les bras protégeaient la partie du corps qu'ils touchaient [5]. Bracelets et colliers étaient souvent composés de petits nœuds 𓀀, 𓊽, 𓋹, enfilés les uns à la suite des autres, et composant un bijou à signification magique ; plus souvent encore, ces nœuds sont posés isolément sur le corps des vivants ou des morts : ils nouent la vie et l'empêchent de quitter le corps. De là le sens de «protection, garde» que ces signes ont conservé dans la langue égyptienne.

D'autres talismans sont formés par des signes qui évoquent telle ou telle idée par leur forme ou par le sens symbolique que leur attribue l'écriture hiéroglyphique : 𓋹 *ânkk*, la vie ; 𓎗 *ouza*, la santé ; 𓉻 *ouser*, la force ; 𓊽 *dad*, la

[4] Cf. Frazer, *Le rameau d'or*, I, p. 329.
[5] A. Moret, *Rituel du culte divin*, p. 243.

stabilité ; 𓇅 *ouaz*, la verdeur de corps et d'esprit. A l'origine, ces signes agissaient par la vertu de leur forme spécifique : 𓋹 était peut-être le simulacre d'un homme, bras et jambes étendus (la base du signe est bifide à l'époque archaïque[6]) ; 𓌀 un sceptre, insigne de la force ; 𓊽 l'image de 4 piliers vus en perspective[7], symbole de stabilité ; 𓇅 une colonnette en forme de lotus, plante vivace. Dans la suite, on s'attacha probablement davantage à l'*idée*, que les conventions de l'écriture attachaient à tel ou tel signe : 𓄤 « beauté, bonté », 𓏠 « stabilité », 𓏁 « faveur », 𓂀 « santé », etc., furent autant de symboles transformés en amulettes douées d'action magique. L'écriture égyptienne, donnant un sens conventionnel à tel ou tel objet matériel, favorisait singulièrement l'attribution symbolique de telle ou telle vertu à un objet déterminé. Dans la plupart des cas, l'action magique prêtée aux nœuds, bijoux, amulettes, rentre dans les cadres de la magie imitative : on imite et l'on donne la vie avec 𓋹 ; la stabilité avec 𓊽 ; la clôture, la protection, avec le lien 𓍢.

La matière dont ces objets sont composés a aussi une action essentielle. Plus efficaces que toutes les autres seront les amulettes en or, métal qui symbolise la durée, l'indestructibilité ; l'or, roi des métaux, rayon solaire solidifié, substance dont est pétri le corps des êtres indestructibles, rois, dieux, morts divinisés : aussi les 𓋹, 𓎬, 𓊽, bracelets, colliers, armes, doivent-ils être en or ou tout au moins en bois doré[8]. Les couleurs ont aussi une influence certaine : la colonnette 𓇅 verte assurera la verdeur si elle est faite en terre émaillée verte[9] ; le nœud 𓎬, le pilier 𓊽, pourvu qu'ils soient en cornaline, évoqueront l'idée du sang d'Isis[10] ; les bandelettes verte, rouge, jaune, blanche, donneront aux morts et aux dieux les vertus de verdeur, d'éclat, de pureté, dont elles sont imprégnées[11]. Il y a là une série d'actions surnaturelles où les forces et l'esprit de chaque objet agissent par une sorte d'infiltration matérielle : l'or communique son indestructibilité, le vert sa

6 Cf. A. Moret, *Du caractère religieux de la royauté pharaonique*, p. 41-48.

7 Pour une interprétation différente, cf. Ed. Naville, *La religion des anciens Égyptiens*, p. 106

8 Cf. A. Moret, *Le titre Horus d'or dans le protocole pharaonique*. (*Recueil*, XXIII, p. 23-32.)

9 *Livre des Morts*, ch. CL.

10 *Livre des Morts*, ch. CLV ; Maspero, *Papyrus du Louvre*, p. 2 sqq.

11 A. Moret, *Rituel du culte divin*, p. 178, sqq.

vivacité, le blanc sa candeur; l'objet agit sympathiquement sur celui qui s'en revêt.

Les talismans possèdent plus de force encore s'ils sont accompagnés de formules. Les Égyptiens en avaient un grand choix : *hikaou* «formules magiques», *saou* «exorcismes», *shentiou* «conjurations», *hosiou* «incantations». L'usage de ces formules est probablement postérieur à celui des talismans matériels : elles ont été inventées pour ajouter l'effet magique de la voix et de la parole articulée à la présence de l'objet qui, au début, n'influait que par sa forme et sa matière : c'est un élément spirituel plus raffiné qui se combine avec le charme purement matériel.

Les formules magiques nous sont connues surtout par des textes récents : aussi les premiers égyptologues les considéraient-ils comme provenant d'une dégradation du culte aux époques de décadence de la civilisation égyptienne. Or les textes religieux les plus anciens que nous connaissions jusqu'à présent, ceux des Pyramides de Sakkarah (V-VIe Dynasties) contiennent des formules cadencées contre la morsure des serpents et font de très fréquentes allusions aux rites magiques. C'est donc la preuve que les textes magiques «appartiennent à l'antiquité la plus reculée et sont une des parties essentielles de la religion égyptienne [12]». Les formules sont naturellement des armes plus précises que les simples talismans : elles sont dirigées contre un ennemi déterminé et supposent une conception de plus en plus nette des ressources de la magie. En particulier, les formules, dès les temps les plus anciens, mettent en cause les dieux [13] et sont par conséquent postérieures aux temps où s'élabora la première mythologie égyptienne. Presque toujours le magicien y fait allusion à des faits mythologiques connus de lui, trop souvent inconnus de nous ; il interpelle un dieu qui a surmonté jadis les dangers contre lesquels la formule veut encore nous préserver ; il prétend pouvoir à volonté forcer le dieu à renouveler sa victoire contre l'ennemi vaincu jadis dans des circonstances déterminées. Celui qui dit la formule sera semblable au dieu le jour de sa victoire et triomphera. D'autre part on prête à l'animal une personnalité quasi divine

---

[12] Maspero, *Les Inscriptions des Pyramides de Sakkarah*, p. 48.
[13] Par exemple, Pyramide d'Ounas, I. 307. «Râ pique le scorpion», I. 322, «Tombe (serpent) flamme sortie du Noun» ; I. 326, mention d'Atoum et de Sokar.

et on le combat comme tel. Ces procédés relèvent des lois d'«imitation» et de «cause à effet» que nous signalions plus haut.

Voici quelques exemples d'application. Êtes-vous menacé par un serpent? Une formule opportune déclare à l'ennemi que vous êtes le dieu Horus et que vous le bravez: «Monte, poison, viens et tombe à terre. Horus te parle, t'anéantit, crache sur toi; tu ne te dresses plus, mais tu tombes; tu es faible et tu n'es pas fort; tu es aveugle et ne vois pas: ta tête tombe en bas et ne se dresse plus. Car je suis Horus, le grand magicien[14].»

Contre un scorpion, on évoque le cas de la chatte divine Bast, piquée par un scorpion, mais guérie par Râ: «O Râ, viens vers ta fille qu'un scorpion a piquée sur un chemin isolé. Son cri va jusqu'au ciel: le venin court de ses membres et elle y applique sa bouche (pour le sucer). Mais Râ lui a dit: Ne crains, ne crains pas, ma noble fille! Vois, je me tiens derrière toi. Je repousse ce venin qui est dans tous les membres de la chatte[15].» Celui qui récite la formule sera naturellement protégé comme la chatte Bast qu'il évoque.

Contre le crocodile, quand on traverse un gué, on oppose la victoire d'Osiris sauvé par l'intervention des dieux. «Toi qui es dans l'eau, c'est Osiris qui est dans l'eau et l'œil d'Horus, le grand scarabée, le protègent… Arrière, bêtes des eaux! ne sortez pas votre face, car Osiris vogue vers vous… Bêtes des eaux, votre bouche est fermée par Râ, votre gosier fermé par Sechmet, vos dents cassée par Thot, vos yeux aveuglés par le grand magicien. Ces quatre dieux protègent Osiris et tous ceux qui sont dans l'eau[16].»

Contre les animaux malfaisants, serpents, crocodiles, scorpions, lions, oryx, etc., le magicien savait combiner la force des amulettes avec celle des formules. De là l'usage de talismans couverts de textes et de figures, dont les plus importants sont les stèles et les bâtons magiques. Les stèles sont du type de la stèle dite de Metternich; sur une plaquette de granit ou de basalte, généralement de petite taille, elles portent d'un côté une figure en relief d'Horus enfant, nu, la boucle de cheveux retombant sur l'épaule droite; le dieu foule aux pieds des crocodiles qui retournent la tête pour

---

[14] Stèle de Metternich, 3.
[15] Stèle de Metternich, 9.
[16] Stèle de Metternich, 38. Cf. Erman, *Die aegyptische religion*, p. 150.

fuir son regard; de ses mains écartées il tient par la queue serpents, scorpions, lions, oryx. Au-dessus d'Horus apparaît souvent la tête de Bes, le dieu jovial et guerrier qui porte bonne chance. «Ces stèles avaient pour objet de préserver non pas seulement contre la morsure ou la piqûre des bêtes représentées, mais contre la fascination que ces bêtes exerçaient sur leurs victimes avant de les piquer ou de les mordre[17].» Sur l'autre face de la stèle, sont gravées des figures divines de bon augure; souvent les dieux tirent de l'arc, lancent le javelot contre les animaux, en un mot «combattent pour le magicien qui les conjure[18]». Des textes développés couvrent les parties vides et nous exposent les légendes-formules citées plus haut. Les stèles de ce type apparaissent surtout à la basse époque[19]; antérieurement on se servait de bâtons magiques, le plus souvent en ivoire, qui dès la XIe dynastie nous montrent des figures d'animaux réels ou fantastiques (le bâton se termine souvent par une tête d'animal), des dieux à tête humaine ou animale, entre autres un Bes tenant des serpents dans l'attitude qu'aura plus tard Horus. Ces objets apportent à leur possesseur la protection magique des figures qui y sont représentées et plus spécialement, semble-t-il, contre les animaux[20].

Contre les maladies, le procédé magique est le même, car le malade est possédé par un *adversaire* ( ) (*kheft*) dont la présence intempestive cause tout le mal. Le magicien, qui, avec le prêtre et le médecin, connaît l'art de guérir[21], tire sa science de livres mystérieux que les dieux ont donnés aux hommes dans des circonstances miraculeuses. Ainsi, le *traité de détruire les abcès* sur tous les membres de l'homme a été trouvé sous les pieds du dieu Anubis et apporté au roi Ousaphais (de la Ire dynastie[22]); le papyrus médical conservé à Londres «fut trouvé une nuit dans la grande salle du temple de Koptos par un prêtre de ce temple. Toute la terre était plongée dans les ténèbres, mais la lune se leva soudain sur le livre et l'en-

---

[17] G. Maspero, *Études de Mythologie*, II, 418-19.
[18] G. Maspero, *Histoire*, I, 213.
[19] G. Daressy, *Textes et dessins magiques* (Catalogue du Musée du Caire).
[20] F. Legge, The magic ivories of the middle Empire (*Proceedings s. b. a.*, 1905-1906.) Cf. Capart, *Revue de l'histoire des religions*, 1906, p. 327.
[21] Pour le traitement des maladies, les Égyptiens distinguaient trois spécialistes: le médecin, le prêtre, le sorcier (Cf. Maspero, *Proceedings*, s. b. a., XIII, 501.)
[22] *Papyrus Ebers*, 103, I. 1-2.

veloppa de ses rayons. On l'apporta au roi Khéops (de la IVᵉ dynastie [23]).»
Les livres de thérapeutique étant d'origine divine, on ne s'étonnera pas
que les remèdes indiqués soient d'ordre surnaturel. La méthode employée
pour chasser l'*adversaire* est la même que pour combattre les animaux malfaisants. A l'aide d'une formule on substitue à la personnalité du malade
celle de tel ou tel être divin qui, de par la tradition, est puissant contre
l'*adversaire*, cause de la maladie. Par exemple, contre le mal de ventre, le
magicien déclare gravement: «Le ventre est celui d'Horus qui parle à Isis.
Horus dit: J'ai mangé du poisson Abi doré.» Isis répond: «Si cela est, les
dieux te seront en aide. Frotter le ventre avec du miel; laver le ventre avec
un liquide contenu dans un vase sur lequel sont représentés les dieux du
Sud et du Nord, Râ, Horus, Thot, Toum, Isis, Nephthys, trois yeux *Ouza*
et trois urœus [24].»

S'agit-il d'un accouchement? La gisante sera assimilée à Isis et récla-
mera impérieusement l'aide des dieux: «O dieux, venez, voici Isis. Elle
est assise comme une femme enceinte. Si vous êtes inactifs, ô dieux, il n'y
aura plus de ciel ni de terre... des désastres viendront du Nord; il y aura
des cris dans les tombes; le soleil ne luira plus à midi, l'eau du Nil ne vien-
dra plus à la crue. «Ce n'est pas moi qui vous parle, c'est Isis qui va enfan-
ter Horus [25].» L'intervention des dieux, liés par les formules magiques au
service de qui sait s'en servir, nous est révélée aussi par un monument célèbre de la Bibliothèque nationale, la stèle de la princesse de Bakhtan. Au
pays fabuleux de Bakhtan une princesse nommée Bintrashit, sœur d'une
épouse de Pharaon, était atteinte d'un mal mystérieux. Ni les médecins ni
les magiciens du pays n'avaient pu la soulager; le prince de Bakhtan de-
manda à son gendre, le Pharaon, de lui envoyer un savant, c'est-à-dire un
magicien d'Égypte. Pharaon lui adressa un des « scribes de la double maison de vie» qui diagnostiqua un cas de possession: «le magicien trouva
Bintrashit en l'état d'une possédée, et il trouva le revenant qui la possé-
dait: un ennemi rude à combattre». Incapable d'évincer cet adversaire,
le magicien appela à son secours un dieu d'Égypte. Ce fut Khonsou qui
partit pour Bakhtan, après avoir reçu de son frère aîné, Khonsou-de-bon-

---

[23] Cf. *Aeg. Zeitschrift*, 1871, p. 61.
[24] Pleyte, *Étude sur un rouleau magique de Leyde*, p. 142.
[25] *Ibidem*, p. 180.

conseil, un «fluide de vie» et une force magique suffisante pour affronter toutes les luttes. «quand ce dieu fut arrivé en Bakhtan, voici que le prince vint avec ses soldats et ses généraux au-devant de Khonsou; il se mit à plat ventre, disant «Tu viens à nous selon les ordres du Pharaon… » Voici, dès que ce dieu fut allé au lieu où était Bintrashit et qu'il eut fait les passes magiques à la fille du prince de Bakhtan, elle se trouva bien sur le champ, et le revenant qui était avec elle, dit en présence de Khonsou: «Viens en paix, dieu grand qui chasses les étrangers; Bakhtan est ta ville, ses gens sont tes esclaves et moi-même je suis ton esclave. Je m'en irai donc au lieu d'où je suis venu, afin de donner à ton cœur satisfaction au sujet de l'affaire qui t'amène, mais ordonne qu'on célèbre un jour de fête pour moi et le prince de Bakhtan.» Le dieu approuva… et quand on eut fait une grande offrande par-devant Khonsou et le revenant, celui-ci s'en alla en paix au lieu qu'il lui plut, selon l'ordre de Khonsou[26].»

Dans ce récit, un dieu met son pouvoir magique au service de Pharaon contre un revenant; Pharaon est en effet le chef des magiciens de son royaume et nous reviendrons plus loin sur ce caractère spécial des rois d'Égypte. Mais les simples particuliers pouvaient aussi se défendre des attaques d'un revenant pourvu qu'ils connussent une formule efficace, celle-ci, par exemple, qu'un papyrus de Leyde nous a conservée: «Si on est attaqué par un mort, le soir quand on se déshabille, placer sous la tête de l'individu (cette formule): Les beautés d'un tel sont les beautés d'Osiris; sa lèvre supérieure est celle d'Isis; sa lèvre inférieure est celle de Nephthys, ses dents sont comme des glaives, ses bras sont comme ceux des dieux, ses doigts sont comme des serpents divins, son dos est comme celui de Seb… etc. *Il n'y a pas un seul de ses membres qui ne soit comme ceux d'un dieu.* Paroles à dire sur une amulette pour guérir et charmer les membres de l'individu et ses maux. Il faut les réciter quand un mort mâle ou femelle attaque l'individu qui se déshabille et l'entraîne le soir pour le tourmenter[27].» Nous reconnaissons encore une fois ici la supercherie qui consiste à s'approprier la personnalité d'un dieu vainqueur de ses ennemis pour leurrer l'adversaire et le mettre dans une situation telle que, si la magie imitative dit vrai, il aura sûrement le dessous.

---

[26] Cf. Maspero, *Les contes populaires de l'Égypte ancienne*, 3ᵉ édition, p. 161 sqq.
[27] Pleyte, *loc. cit.*, p. 78.

Le magicien ne sait pas seulement combattre les maladies ou les accidents; il excelle à les prévoir, et il conjure d'avance la destinée par des prophéties et des horoscopes. A cet égard, la science du magicien s'appuie sur les données de l'astronomie. Diodore nous apprend ceci:

«Il n'y a peut-être pas de pays où l'ordre et le mouvement des astres soient observés avec plus d'exactitude qu'en Égypte. Ils conservent depuis un nombre incroyable d'années des registres où ces observations sont consignées. On y trouve des renseignements sur le rapport de chaque planète avec la naissance des animaux et sur les astres dont l'influence est bonne ou mauvaise[28]. Au tombeau d'Osymandias, à Thèbes, il y avait sur la terrasse un cercle d'or de 365 coudées de circonférence, divisé en 365 parties; chaque division indiquait un jour de l'année, et l'on avait écrit à côté les levers et les couchers naturels des astres avec les pronostics que fondaient là-dessus les astrologues égyptiens[29].» Pour fonder des pronostics, le procédé était donc celui-ci: tel jour, à telle heure, les astres sont dans telle position. Jadis, dans une position semblable des astres, tel événement faste ou néfaste s'est produit; il est donc probable que cet événement ou un autre, de caractère analogue, se reproduira au moment où les astres reviendront à leur place ancienne.

Les documents qui nous sont parvenus[30] nous montrent que les événements auxquels on faisait allusion se rapportaient à la vie des dieux, et principalement aux alternatives de défaites et de victoires qui marquaient la lutte quotidienne d'Osiris contre Sit. Le 17 Athyr, Sit avait tué Osiris; le 9 Khoïak, Thot avait vaincu Sit; le 5 Tybi, Sokhit avait brûlé les impies; la première date sera néfaste, les deux autres seront fastes. «Quoi que tu voies en ce jour, ce sera heureux.» Ainsi, chacun des hommes revivait à sa façon la vie des dieux et en subissait les influences: le pouvoir du magicien consistait à tirer profit de ces connaissances mythiques pour orienter les actes de la vie humaine à telle ou telle date opportune, et imiter, dans le sens le plus favorable, la destinée des dieux[31].

---

[28] Diodore, I, 71.
[29] Diodore, I, 49.
[30] Papyrus Saluer, traduit par Chabas, *Calendrier des jours fastes et néfastes*.
[31] G. Maspero, *Les contes populaires*, introduction, p. XLIX sqq.

De plus, chaque année, chaque mois, chaque jour, chaque heure était sous l'influence d'un dieu ou d'un astre[32]; le magicien sait les rendre favorables, ou tout au moins put avertir les intéressés des chances du destin: il connaît les sorts que les déesses fées ont départis à chaque homme le jour de sa naissance[33], parce que ce jour est classé dans leurs listes sous une rubrique heureuse ou funeste, où les chances bonnes ou mauvaises sont dosées avec minutie. «Le 4 Paophi: quiconque naît en ce jour meurt de la contagion.» «Le 9 Paophi: allégresse des dieux; les hommes sont en fête, car l'ennemi de Râ est à bas. Quiconque naît ce jour-là, mourra de vieillesse.» «Le 27 Paophi, quiconque naît ce jour-là meurt par le crocodile[34].»

La littérature populaire nous a laissé un récit sur un *Prince prédestiné*[35] qui s'efforce vainement de conjurer trois sorts qui, dès sa naissance, le condamnent à périr par le serpent, le crocodile ou le chien. Le magicien ne pouvait pas toujours combattre la destinée; au moins son client, averti, prenait-il les précautions nécessaires: rester à la maison, éviter tout danger, et réciter les formules protectrices.

Les rites de protection ne sont qu'une partie de l'art du magicien; les rites qui assurent l'action magique à distance lui donnent une force et un prestige infiniment plus forts. Les Égyptiens prétendaient user d'une influence magique active sur les hommes, les morts, les dieux, pour les buts les plus variés.

L'action à distance sur un Être quelconque peut s'obtenir par l'intervention des dieux et des génies que le magicien asservit à son pouvoir. Dans ce cas, voici le schéma d'une conjuration. Le magicien invoque un dieu ou un esprit: «Viens, esprit vénérable...»; puis il énonce le vœu à réaliser: «Agis pour moi sur tel ou tel... éveille pour moi l'âme de tel ou tel, dirige son cœur vers une telle ou un tel.» Il déclare ensuite: «Je t'invoque en ton nom véritable»; suit une litanie de noms magiques composés le

---

[32] Wiedemann, *Magie und Zauberei*, p. 6 sqq.
[33] Maspero, *Les contes populaires*, p. LI sqq.
[34] *Ibidem*, p. L.
[35] *Ibidem*, p. 168 sqq.

plus souvent de syllabes incompréhensibles ; enfin, après une déclaration destinée à effrayer le dieu ou le génie invoqué (« car je suis le taureau, car je suis le lion, je suis la tête vénérable du seigneur d'Abydos ») le magicien donne une recette pratique : prononcer la formule sur une image d'Osiris ou d'Anubis ; composer un breuvage, une mixture ou une pommade avec des herbages, de l'encens, du blé, sur lesquels on verse du sang que le patient tire de lui-même, ou auxquels on mêle des parcelles de cadavre[36]. Parfois une figurine est mentionnée[37], elle semble faite à l'image de celui auquel la conjuration est destinée et la formule, dite sur la figurine, enverra à son modèle des songes amoureux ou menaçants, l'endormira ou lui enlèvera le sommeil, lui donnera la santé ou la mort, lui inspirera l'amour ou la haine.

De telles formules supposent la pratique de l'envoûtement puisque parfois elles mentionnent des figurines qui reçoivent le choc direct des conjurations. Nous connaissons en effet des cas précis d'envoûtement dirigé contre les dieux et les hommes. Le papyrus de Nesiamsou contient une conjuration pour aider le dieu Râ dans sa lutte quotidienne contre Apophis, l'esprit du mal. On fabriquait une statuette en cire au nom d'Apophis sous forme de crocodile. Le nom du dieu était écrit à l'encre verte sur cette statuette qu'enveloppait un papyrus où la silhouette d'Apophis était aussi dessinée. On crachait sur la statuette, on la tailladait avec un couteau de pierre, on la jetait à terre ; alors le prêtre l'écrasait du pied gauche à plusieurs reprises et la brûlait sur un bûcher de plantes à propriétés magiques. Il fallait répéter le rite trois fois par jour (sans doute comme complément du culte ordinaire), et quand il se produisait des orages qui mettaient en péril les divinités célestes[38].

Dans la vie réelle, un cas très important d'envoûtement nous est connu au temps de Ramsès III, où un fonctionnaire du palais royal fut convaincu de crime pour les faits suivants.

---

[36] G. Maspero, *Mémoire sur quelques papyrus du Louvre*, p. 115 sqq. ; on y trouvera divers « chapitres d'envoyer des songes » ; cf. les *tabellae devotionis* trouvées à Hadrumète, dont les incantations, rédigées à l'époque romaine, sont presque entièrement. empruntées aux rituels magiques égyptiens (G. Maspero, *Études de mythologie*, II, p. 296 sqq.).
[37] *Papyrus du Louvre*, p. 117, 118, 120.
[38] Budge, *Egyptian magic*, p. 77. Cf. Frazer, *Le rameau d'or*, I, p. 12.

Il s'était procuré un écrit magique, extrait des livres secrets du roi, et parvint à fasciner (⟨hiéroglyphes⟩ *sih*) les gens du palais; il lui arriva aussi «de faire des hommes de cire et des écrits de souhait» (⟨hiéroglyphes⟩), c'est-à-dire des figurines sur lesquelles il récitait des conjurations pour arriver au but désiré; il put ainsi ensorceler (⟨hiéroglyphes⟩ *hikaou*) les servantes du harem.

Ces exemples d'envoûtement s'éclairent réciproquement et il devient facile de saisir quels principes généraux inspirent la magie active des Égyptiens. Ici, comme en d'autres pays, le magicien commande aux êtres en usant 1° de leurs noms, 2° de figurines les représentant. Ces deux moyens d'action magique sont du domaine commun à toutes les sociétés primitives. «Un nom propre —dit M. Hartland— est considéré comme inséparable de son possesseur et les sauvages ont souvent soin de cacher aux autres la connaissance de leurs véritables noms[39], se contentant d'être interpellés et désignés par un surnom ou une épithète substituée[40]. La raison en est que connaître le nom d'un autre donne pouvoir sur cet autre: c'est comme si lui-même, ou du moins une partie essentielle de lui-même, était dans la possession de la personne qui a obtenu la connaissance de son nom[41].» M. Lefébure, dans ses mémoires si suggestifs sur «l'importance du nom chez les Égyptiens», a démontré que cette théorie générale s'applique point par point à l'Égypte.» De là le soin que les magiciens prennent, en récitant les formules magiques, d'énoncer le nom vrai du dieu qu'ils invoquent, nom multiple ou de forme bizarre, mais dont l'harmonie calculée agit réellement sur l'être invoqué. «En réalité, le nom d'une personne ou d'une chose n'est pas un signe algébrique, mais une image effective, et par là il se confond en un sens avec son objet: il devient cet objet lui-même moins matériel et plus maniable, c'est-à-dire adapté à l'usage de la pensée: bref, c'est un substitut mental.» Prononcer le nom d'un être équivaut à façonner son image spirituelle; écrire le nom, c'est dessiner son image

---

[39] Cf. Lefébure, *Sphinx*, I, 98, Dans une légende conservée aux papyrus de Turin, le Soleil Râ avoue: «Mon nom a été dit par mon père et ma mère, puis il a été caché dans mon sein par qui m'a engendré, afin de ne pas laisser être le maître l'enchanteur qui m'enchanterait.»

[40] Ce que les Égyptiens appellent le «bon nom» (Lefébure, *Sphinx*, 1, 97 sqq.).

[41] C'est ce qui arrive pour Râ, dès que Isis, dans la légende citée plus haut, lui eût sorti du corps son nom.

matérielle; cela est vrai surtout en Égypte où l'écriture hiéroglyphique accompagne les noms d'un déterminatif qui figure aussi exactement que possible les objets et les êtres. L'évocation du nom est ainsi comparable «aux rites de sorcellerie où le magicien fait la figure d'un homme, l'appelle par son nom et alors la perce de pointes ou d'épines, ou le brûle dans le but d'amener la souffrance et finalement la mort de la personne représentée [42].» Concluons que l'action magique à distance repose, en Égypte comme ailleurs, sur la «magie imitative» et s'exerce par le nom et les figures des êtres et des choses.

En dehors de l'usage des amulettes, talismans, formules, des horoscopes pour prévenir les dangers, en dehors des envoûtements et des conjurations pour commander à distance, les pratiques magiques étaient d'un grand secours même dans la religion proprement dite, dans le culte égyptien. Le culte des dieux et des morts était à ce point pénétré de magie qu'une étude détaillée —d'ailleurs fort difficile et qui n'est pas à sa place ici— serait nécessaire pour faire le départ entre ce qui n'est qu'oraisons et sacrifice à un dieu et ce qui est sorcellerie et objurgations magiques. A vrai dire le prêtre se prosterne devant le dieu, le prie, le sollicite; mais en même temps il protège le dieu contre ses ennemis, il le sauve de la mort osirienne, il le met à l'abri des maléfices par l'usage de procédés qui se retrouvent tels quels dans la magie pure. Le dieu reçoit des mains du prêtre le fluide de vie, tel qu'un malade ou un possédé; il écarte de lui les animaux typhoniens, par les mêmes moyens que telle ou telle de ses créatures humaines; il bénéficie du sacrifice et des offrandes par la vertu magique de la voix de l'officiant [43]. Les listes d'offrandes qui se multiplient sur les murs des temples n'ont de valeur effective et *ne sortent sur l'autel qu'à la voix du prêtre* [44]; les offrandes réelles qui brûlent sur l'autel ne passent au dieu que si on les a *nommées* et attribuées au dieu avec les formules et les intonations rituelles.

---

[42] Hartland, ap. Lefébure, *loc. cit.*
[43] La théorie de la création par la voix et le son a été exposée par Maspero (*Etudes de Mythologie*, II, p. 372.) Cf. A. Moret, *Rituel du culte divin*, p. 156 sqq.
[44] De là le nom de l'offrande «ce qui sort à la voix *pir khrdou* (Maspero, *la Table d'offrandes des tombeaux égyptiens*, p. 30; Moret, *Rituel du culte divin*, p. 156)

Le prêtre —c'est-à-dire le roi en personne— possède en effet le privilège des êtres divins, qui est de créer les êtres et les choses en les nommant ; il a la « voix créatrice » par laquelle les démiurges ont organisé le monde, il est (⌑⎮⍦⍫) *mâ khróou* [45]. Le dieu lui-même, dont la puissance est annihilée ou amoindrie au début des rites, redevient « créateur » et « vainqueur » au contact du prêtre et au son de cette voix puissante et créatrice ; à son tour il pourra mettre au service du prêtre sa propre force magique, sa voix créatrice, son fluide de vie, au moment où elles lui ont été renouvelées. Le culte nous apparaît donc comme un échange de forces et d'influences magiques qui vont alternativement du prêtre au dieu, puis du dieu au prêtre [46]. C'est la partie de la religion égyptienne qui est restée le plus près des pratiques primitives où la sorcellerie et la magie tenaient plus de place que l'élément mythique et la prière. Le magicien tire de cette situation une force incomparable parfois il menace de ne plus laisser s'accomplir le culte des dieux, tant le secours de ses rites et de ses formules est nécessaire aux prêtres [47].

Cette pénétration réciproque du culte et de la magie explique aussi le rôle prépondérant que certains dieux, tels que Thot, Horus, Bes, jouent dans les conjurations que nous avons étudiées plus haut. Les dieux eux-mêmes —nous l'avons vu— sont magiciens ; Thot, en particulier, le scribe des dieux, le « savant » du ciel, était vénéré comme « le seigneur de la voix, le maître des paroles et des livres, le possesseur ou l'inventeur des écrits magiques auxquels rien ne résiste au ciel, sur la terre et dans l'Hadès [48] ». Les grimoires que les magiciens récitent sont « les livres de Thot, que celui-ci a écrits de sa propre main ». Quoi d'étonnant qu'on ait appliqué au culte de ces dieux, pour leur propre sauvegarde, les rites dont ils

---

[45] *Mâ khróou*, « juste de voix » d'après Maspero ; « créateur par la voix » d'après moi-même ; les deux explications se complètent plutôt qu'elles ne se contredisent (*Rituel*, p. 163). M. Philippe Virey avait le premier proposé en 1889 de traduire *mâ khróou* « celui qui réalise la parole, qui réalise en parlant, dont la voix ou la demande réalise, fait vrai, fait être vraiment, réellement » les listes d'offrandes qui n'existent qu'en peinture sur les parois du tombeau. (Le tombeau de Rekhmará, p. 101, n. 7 ; p. 149, n. 2. Cf. *Rituel*, p. 152, n. 2.) A mon avis, le pouvoir de la voix de l'officiant ne se limite pas à la réalisation des offrandes, mais s'applique à tous les actes d'un démiurge.

[46] A. Moret, *Rituel du culte divin*, p. 221 sqq. *Du caractère religieux de la royauté pharaonique*, p. 160 sqq.

[47] Lefébure, *Sphinx*, X, p. 91, et VIII, p. 27.

[48] G. Maspero, *Histoire*, I, p. 145.

auraient été les premiers inventeurs ? Ce qui est vrai du culte divin l'est aussi du culte funéraire. La transmission du fluide de vie à la momie, la protection contre les animaux typhoniens, la présentation des offrandes réelles ou fictives nécessitaient, pour le mort comme pour le dieu, l'emploi de la magie. L'usage de statuettes funéraires (*oushaïbti* = les répondants) pour entourer le défunt d'un peuple de serviteurs, ou plutôt de substituts chargés d'exécuter pour lui après la mort les travaux de l'existence matérielle, ne s'explique encore que parles procédés magiques qui font, à l'occasion, de ces figurines des êtres vivants dans l'autre monde[49]. Mais c'est surtout dans la conquête des paradis que se manifeste puissante la force de la magie. Le mort comparaît en jugement devant le tribunal d'Osiris, et subit un interrogatoire au passage des portes de la cité infernale ; mais la science des formules salvatrices et la connaissance des noms des gardiens suffit à donner au mort toute puissance sur les dieux infernaux[50]. Qu'il soit réellement pur ou impur, il n'importe ; pourvu que le défunt possède la voix créatrice, soit muni des talismans protecteurs et exécute les rites efficaces, il est sûr d'être trouvé bon par les juges osiriens : « Passe, tu es pur », lui dira-t-on. Aussi l'accès des paradis est-il réservé plus encore au magicien expert qu'à l'homme riche de sa seule vertu. La magie supplée à l'honnêteté, et trompe les dieux comme les hommes.

Nous touchons ici à une des conséquences les plus importantes de la pénétration de la magie dans le culte des dieux et des morts : la magie donne un caractère amoral à cette religion égyptienne, qui proclame si hautement par ailleurs le culte de la justice et de la vérité ; elle oppose le mensonge à la sincérité, et assure l'impunité du méchant et de l'impur, qui sait lier les dieux par ses enchantements.

La littérature populaire ne nous trompe donc point quand elle nous fait connaître l'importance du rôle qu'on attribuait aux magiciens dans la société égyptienne : ils peuvent donner la vie ou la mort, évoquer le passé, protéger le présent, sauvegarder l'avenir ; la nature entière leur obéit, et s'ils le désirent, le monde est bouleversé totalement. Voici ce qu'on disait

---

[49] Cf. Maspero, *Histoire*, I, p. 193.
[50] *Ibidem*, p. 184 sqq.

des formules du livre de Thot: «Si tu récites la première de ces formules, tu charmeras le ciel, la terre, le monde de la nuit, les montagnes, les eaux; tu comprendras ce que les oiseaux et les reptiles disent; tu verras les poissons de l'abîme, car une force divine les fera monter à la surface de l'eau. Si tu récites la seconde formule, encore que tu sois dans la tombe, tu reprendras la forme que tu avais sur la terre[51].»

Aussi, les prodiges les plus surnaturels ne sont-ils que jeux d'enfants pour les magiciens: séparer en deux les eaux d'un fleuve[52], couper la tête d'un homme et la remettre en place sans danger pour le sujet[53], animer des figurines de cire représentant un crocodile furieux[54], un poisson[55], une barque et ses rameurs[56], se rendre invisible[57], lire une lettre cachetée[58], les savants de l'Égypte savaient faire tout cela, au moins dans les contes. Et plusieurs hommes qui ont réellement existé, tels que cet Amenophis, fils de Hâpi, qui, sous le règne d'Amenophis III, fut adoré de son vivant et garda jusqu'aux derniers ages de l'Égypte la réputation d'un magicien invincible[59], semblent avoir eu, en effet, un pouvoir de suggestion et de divination qui les mettait en dehors et au-dessus de l'humanité.

C'est autour de Pharaon que nous apparaissent groupés les plus fameux magiciens, les «scribes de la double maison de vie» qui arrivent aux conseils du roi, chargés de leurs grimoires, quand une occasion se présente de mettre leur expérience des choses divines et humaines à contribution; tantôt il s'agit de distraire le roi par des tours de passe-passe[60]; parfois il faut porter secours à un prince allié[61]; ou bien un magicien étranger vient défier les scribes du Pharaon[62] et les provoque à une de ces luttes dont l'Exode nous a laissé l'écho[63].

---

[51] Maspero, *Les Contes populaires*, XLVII,108, 113.
[52] *Ibidem*, p. 30.
[53] P. 34.
[54] P. 25.
[55] P. 28.
[56] P. 111.
[57] P. 153.
[58] P. 139.
[59] Maspero, *Histoire*, II, p. 448.
[60] Conte du roi Khoufoui et des magiciens (Maspero, *Contes*, p. 23).
[61] Conte de la fille du prince de Bakhtan (p. 16).
[62] 2ᵉ Conte de Satisi Khamoïs (p. 131).
[63] Exode, VII.

Ce serait ici le lieu de se demander comment, dans la vie pratique, un individu devenait un magicien. Était-ce une révélation surnaturelle qui était censée lui apprendre l'art de tirer parti des talismans et des formules ? Était-ce une initiation venue d'un autre magicien ? Les textes connus jusqu'ici expliquent tout le pouvoir magique par la possession et la science des formules ; mais il est probable qu'en Égypte, comme ailleurs, cette connaissance devait s'accompagner d'un état de grâce particulier obtenu par initiation ou révélation. Jusqu'ici les documents nous manquent ou n'ont pas été assez bien interrogés pour que nous puissions savoir comment, par qui ou par quoi, le magicien était initié. Il semble certain, d'autre part, que le pouvoir du magicien devait s'attester par un signe matériel. En Australie, par exemple, ce signe est une substance magique, telle que des morceaux de cristal de roche, que, lors de son initiation, le magicien est censé absorber ; ou bien c'est un os de mort, dont il s'arme. D'après les textes des Pyramides nous savons que la magie (*hikaou*) d'un individu est considérée comme une substance matérielle qui se mange, ou qu'on s'assimile et dont la présence dans le corps est aussi nécessaire aux dieux, aux morts, à tous les êtres doués de force magique, que les morceaux de cristal pour les sorciers australiens[64]. D'ailleurs la science magique et le prestige qui en découlait, ne s'acquéraient qu'au prix d'un long travail et d'une vie exemplaire. Le magicien devait fuir les tentations de la chair ; la pureté rituelle[65] et la chasteté[66] étaient une des conditions de son pouvoir.

Aussi vivait-il en dehors de l'humanité, perdu dans son rêve, l'esprit égaré par l'obsession des formules qui donnent le pouvoir souverain : tel héros des contes populaires, possesseur d'un grimoire tout puissant « ne

---

[64] Cf. la suggestive étude de Mauss : L'origine des pouvoirs magique dans les sociétés australiennes (*Annuaire de l'École des Hautes Études*, section des sciences religieuses, 1904). Pour les textes des Pyramides, cf. *Ounas*, 518, 506 ; Lefébure, *Sphinx*, VIII, p. 29.

[65] Voici quelles indications donne sur la pureté rituelle du magicien le texte connu sous le nom de récit de *la Destruction des hommes* : « Celui qui prononce ces paroles lui-même doit se frotter de baume et d'huile fine. Il doit avoir un encensoir dans les mains et des parfums derrière les deux oreilles. Ses lèvres doivent être purifiées avec du natron. Il est vêtu de deux robes neuves, chaussé de souliers de bois. L'image de Maït est sur sa langue peinte en couleur fraîche. Lorsque Thot veut lire ce livre à Ré, il se purifie lui-même par des purifications de 9 jours. Les prêtres et les hommes doivent faire de même. »

[66] Maspero, *Contes*, p. 102.

voyait plus, n'entendait plus, tant il récitait ce chapitre pur et saint; il n'approchait plus des femmes, il ne mangeait plus ni chair ni poisson»; tel autre «n'avait plus d'occupation au monde que de déployer le rouleau des formules magiques, et de le lire devant n'importe qui[67]».

Entouré de ces inspirés, le Pharaon lui-même possède par intuition la science qui les agite. Fils des dieux, doué des grâces surnaturelles, armé d'armes magiques, couronné de diadèmes animés en qui s'incarnent des déesses, le front ceint de l'uræus, déesse des incantations[68], le roi est le premier et le plus puissant des magiciens. S'il le veut, il commande à la nature: ses cris, pareils aux rugissements de la foudre, déchaînent l'orage; ses ordres font jaillir l'eau dans le désert; la crue du Nil obéit à ses décrets. Pharaon nous apparaît ainsi doué des mêmes puissances surnaturelles et magiques que tel «roi du temps, des moissons, de la pluie, du feu et de l'eau n qui existe de nos jours chez les sauvages[69]. C'est avec raison qu'un texte officiel de la XVIIᵉ dynastie adresse ces louanges au roi Ahmès: «Les terreurs de Thot sont à ses côtés; car le dieu lui a donné sa science des choses; c'est lui qui guide les scribes dans leurs doctrines; il est le Grand-Magicien, maître des charmes[70].» Auprès du roi se trouvait la source inépuisable du «fluide de vie» et de la «force magique»; c'était l'office des «savants» groupés autour du roi d'en canaliser le cours.

— —

La conclusion à tirer de cette étude sommaire, c'est que l'Égypte ancienne nous offre, à côté d'une civilisation très avancée, un état mental qui est resté par places analogue à celui des peuples sauvages. Le magicien y est tout puissant, parce qu'il est l'initié qui apprend, qui observe et qui *sait*. Il connaît certaines lois comme celle de cause à effet; il a observé certains faits d'apparence miraculeuse que nous expliquons aujourd'hui par le magnétisme, la suggestion, la télépathie. La science magique repose donc en partie sur des observations exactes. Là où le magicien se trompe, c'est dans sa prétention de commander à ces lois et à ces faits, non seu-

---

[67] G. Maspero, *Les contes populaires*, p. 120.
[68] A. Moret, *Du caractère religieux de la royauté pharaonique*, p. 284 sqq.
[69] Frazer, *Le rameau d'or*, p. 146, 167. Cf. *Sphinx*, VII, p. 167.
[70] Inscription du roi Ahmès. (*Annales du service des Antiquités*, IV, p. 28).

lement dans le cas où les faits d'expérience observés une fois se répètent exactement dans les mêmes conditions, mais encore là où il n'y a que ressemblance lointaine, où l'on ne peut soupçonner qu'affinité et imitation, alors la «science» du magicien se tourne en «magie», et l'expérience de laboratoire devient procédé de magie imitative ou sympathique. Quand le magicien antique observe exactement, il faut voir en lui le physicien, le chimiste, l'astronome, le médecin, le psychologue des temps primitifs; quand il sort de l'expérience précise, il en est le sorcier et le nécromancien. Étant donnée l'insuffisance encore très profonde de la méthode scientifique dans l'Égypte ancienne, la part du sorcier, chez notre Savant, est naturellement bien plus grande que celle du physicien ou du médecin. Dès lors, pour donner de l'autorité à ses dires, le magicien fait appel à la mythologie: il se réclame du patronage des dieux, et à défaut d'expériences probantes de la vie réelle, il cite les légendes divines qui sont autant de cas, d'expériences, qu'accepte sans vérification la croyance populaire. En un mot, pour appliquer à l'Égypte les conclusions de Frazer, «la magie n'a donc que les apparences de la science. Mais cela suffit à expliquer la forte attraction que la magie comme la science a exercée de tout temps sur l'esprit humain. Encore aujourd'hui, il n'est pas rare que le chercheur, fatigué, désappointé, s'y réfugie comme sur un lieu élevé d'où on lui montre, de loin, l'avenir dans la lumière éclatante du rêve.»